EL ARTE DE VOLVER A SER

Natalia Coronado Saiz

Título original: El arte de volver a ser
Autora: Natalia Coronado Saiz @natalia.coronadoo
Ilustración y diseño: Uxue Sáenz @uxartea
Publicado por Editorial Gusanillo 2024
Redes sociales de la editorial: @editorialgusanillo
Página web de la editorial: www.editorialgusanillo.es
Impreso y encuadernado en España
Código de Depósito Legal: V-1121-2024
ISBN: 978-84-128235-5-4

*A todas las mujeres de mi vida, por su fuerza,
su valentía, su ejemplo y su entereza.
A Judit por ser estrella guía.
A todas aquellas personas que un día perdieron su luz.
A todas las que luchan día a día por volver a recuperarla.*

**La chica del espejo, la chica de enfrente, a veces puede ser la misma.
(Una historia de empatía)**

Miré,
miré sin pretenderlo,
miré a la ventana de enfrente y allí estaba,
sentada,
llorando,
parecía frágil,
casi a punto de romperse,
como si hubiese decidido rendirse.

Pude sentir su mismo punzón atravesándome el pecho,
como si supiera lo que estaba sufriendo,
como si su gesto me resultara familiar,
como si esa escena,
ese momento,
ese instante...

Fuese de las dos.

Pude empatizar con su desdén y
sentirme perdida en ese lamento.
Parecía frágil
pero no lo era,
en ese momento de llanto,
de consciencia,
es en el que te permites ser,
te permites sentir.

¿Acaso hay algo más valiente que eso?
¿Acaso se puede juzgar un momento de reconstrucción?

Y en ese momento comprendí
que la alegría y
la tristeza son las dos caras de una misma moneda,
ambas igual de válidas,
ambas igual de necesarias,
ambas igual de importantes.

Aquella noche...

Aquella noche,
como tantas otras,
esperó a que se apagase la luz.
Deslizó de un solo movimiento la almohada y,
abrazándola con fuerza, sintió la desazón de un día menos.

Aquella noche
recordó estrellas brillar,
el olor a libro nuevo y el tacto de una mano al caminar.

Aquella noche
pudo dormir en el recuerdo,
pudo sentir la calma en su pecho
y el tacto,
ya seco,
del rastro de lágrimas en su tez.

Aquella noche
decidió ser libre de sí misma y
recorrer una y otra vez el camino de vuelta
hacia lo que una vez,
entendió como hogar.

Aquella noche comprendió que
salir del agujero no te lleva a otro lugar
sino a otra percepción.

Aquella noche...

Se recordó...

Cerró la puerta al pasado
como el que cierra un libro
después de leer.

Construyó un muro de tiempo y distancia,
tan grueso y firme
que creyó olvidarse de sí misma también.

Recogió uno a uno los minutos que había invertido
en hacerse valer,
lo entendió.
Entendió
que no por estar perteneces,
que encajar no solo consiste en ser,
también en querer.

Recordó que había algo más importante
que todo lo que estaba intentando olvidar,
se recordó.

Se vislumbró en su memoria;
no obstante,
no podía invocar su sonrisa,
no estaba,
no recordaba la última vez que la vio,
como si nunca la hubiese tenido.

Se miró en el espejo,
no se recordaba así,
rota,
sin luz.

Intentó, sin éxito,
simular una sonrisa fingida,
un halo de felicidad,
un instante de control.

No funcionó,
como no funcionan las cosas sin un porqué.
No funcionó
pero...

se recordó.

Solo entonces

Miraba a través del cristal empañado
pero solo percibía su leve recuerdo.

Anhelaba su olor,
el sonido de su caminar al llegar a casa,
el despertar de cada día a su lado
y el vacío que había dejado de llenar con su ausencia.

Sentía su tacto todavía latente en su mano
y ese abrazo de cada despedida.

Seguía viviendo en su recuerdo,
recobrando el sentido
después de cada evasión.

Temía no volver a encontrarse,
perderse en ese leve recuerdo,
dejar que al fin se apoderase de ella,
fundirse en él.

Miraba las gotas caer
y perderse en el fondo de la ventana,
tan frágiles,
tan perecederas
que sentía verse reflejada en ellas.

Pero como cada día,
las nubes cesaban
y volvía un nuevo amanecer,
algo así como un volver a empezar y,
entonces,
solo entonces,
recobraba el sentido y volvía a brillar.

El viento

Era el viento
el que enredaba su pelo,
el que movía su vestido
y acariciaba su rostro.

Era el viento
el protagonista de aquella escena en la que
se perdió su sombrero,
el culpable de mecer el sonido de su risa
a lo lejos tras él.

Era el viento
el que la devolvió a su niñez,
la invitó a creer,
y la envolvió en su juego.

Era el viento
el que rompió la claridad de la rutina
y sacó de la monotonía a la sonrisa.

Fue el viento
el culpable de arrastrar los recuerdos de la inocencia
y devolverlos como si no hubiesen estado siempre ahí.

Fue el viento,
a veces soy yo,
pero hoy,
hoy fue el viento.

El regalo, el que a veces no nos hacemos, ese, el necesario

Estaba ahí,
podría haber estado en cualquier otro lugar
pero estaba ahí,
tranquila, escuchándose,
a veces demasiado fuerte
como si de un monólogo se tratase.

Y fue ahí,
conectando una idea con otra,
cuando conectó.
Sintió que algo conectó.

Pues algo cambia cuando te hablas,
tal vez tú.
Algo cambia cuando te escuchas,
tal vez tu razón.
Algo cambia cuando te entiendes,
tal vez todo.

Se escuchó,
después de tantos años de conversaciones prototípicas
que hablaban, pero no calaban,
al fin, se prestó esa atención.

Podría habérsela prestado a cualquier otra persona,
pero se la prestó a sí misma y
entonces comprendió
que la prioridad es un regalo que jamás se había otorgado y,
poniéndose un lazo en el pelo,
soltó de un movimiento todo el aire de sus pulmones
y sintió que jamás iba a volver.

Aquello que te invita a soltar, a curar

El desenredo del alma lo llaman,
te invita a liberar
aquello que ya no ocupa lugar,
a desencajar las piezas colocadas por el azar y
¿por qué no?
A pausar, por un momento, la presión sostenida.

Provoca el desahogo,
a veces demasiado ínfimo,
otras demasiado intenso
pero casi nunca definitivo.

Te ayuda a aclamar a la calma,
a deshojar el dolor
y a barrer el resto.

El alma llorada,
el llanto de aquellos que buscan
consuelo en sus adentros,
que encuentran el lugar donde arrojar el dolor,
que construyen la vida
colocando de nuevo las piezas que
nos forman a cada uno de nosotros.

Llorar y sentir que el dolor baja por las mejillas
hasta que la respiración cesa su agitación,
y es ahí cuando el mundo parece
haber hallado un ratito de paz.

No me curaron las lágrimas
pero si me recordaron
que, a veces,
es necesario soltar.

De cuando a veces nos fallan las fuerzas pero encontramos las ganas de volver, de volver a volar...

¿Me rindo?
Se preguntó a sí misma...
La entendía,
joder,
entendía ese pensamiento,
a veces cuesta tanto seguir...

El dolor se apretó en su pecho haciéndose hueco.
Poco a poco lo ocupó entero,
es más,
se apoderó de él.

Ahora solo sentía dolor y
la falta de respiración ahogándose en lágrimas fallidas,
mudas.
Ahora solo sentía un vacío a su alrededor,
el ruido había frenado,
estaba parada,
paralizada en medio de todo.

Su mente no reflejaba atisbo alguno de luz,
no había salida que pudiera recorrer,
no sabía,
no podía...

Decidió comenzar a respirar,
una,
otra vez.
Aquí y ahora, se decía en cada intento de coger y soltar aire.
Corcho...
así te sientes como corcho,

flotando,
hueca,
sin voluntad...

Uno,
dos,
tres,
respira,
aquí,
ahora.

Por fin se pudo concentrar en el sonido de su respiración,
alejándose del tumulto de emociones,
rompiendo la dirección del remolino que la arrastraba,
por fin sintió que volvía la nitidez.

La luz,
había estado ahí
pero no la había percibido hasta ahora...
Uno, dos, tres, respira, aquí, ahora.

Ese amor, tal vez el propio

Solía pensar que enamorarse puede ocurrir
en cualquier momento,
en cualquier lugar...

Enamorarse de la vida,
de su paso,
del aquí,
del allí.

Enamorarse de lo que haces,
del cómo,
del dónde.

El amor a un lugar,
a una persona,
a muchas.

El amor de poder elegir,
de ser libre,
de creer en ti.

El amor... ese que te cura y te viste bonito.

Ese amor... ese que se cuela en tu interior
y te dibuja sonrisas,
ese que te hace luchar
y enfrentarte a tus miedos.

Ese amor que es tuyo,
ese amor al que bautizas como propio,
ese,
ese es el amor.
Y ahí es donde viven los guerreros...

Propio,
tan propio como el amor que un día elegiste profesarte.

Tan propio,
tan tuyo, que te hace renacer y aceptar los agujeros
que causa vivir.

Tan propio,
que una vez que te lo regalas solo puedes entender la luz.

Tan propio,
tan tuyo,
tan nuestro
que sin él se podría estar
pero jamás se podría
ser.

Tejiendo mis alas

Por un instante pude sentirla,
pude sentirla de nuevo.
Ya la había sentido antes,
antes de que,
simplemente,
se esfumase.

A veces venía,
sin más,
estaba ahí por un instante recordándome
que aún existía en mí,
tentándome a buscarla,
a encontrarme...

Podía sentirla,
ahí en el estómago
y de repente por todas partes,
como placer creciendo rápido y desvaneciéndose de nuevo...

Era felicidad.
A veces se instalaba dentro de mí como si de encender una cerilla se
tratase.
Breve,
potente,
candente
y fugaz.

Echaba de menos
sentirla a menudo,
no a menudo,
quizás más,
no sabría ejecutar locución adverbial alguna...
Lo que sí sabía es que perderla
formaba parte de mi reconstrucción.

Tomar consciencia duele,
a veces mucho,
rompe,
destruye, sí,
pero cuando vuelves a unir las piezas
y empiezas a creer en ti
descubres que puedes vivir
tejiendo de nuevo todas esas partes
que, por conciencia,
decidiste,
un día
romper...

De vivir está la vida llena

Estaba hecha de mariposas,
estaba hecha de luz,
por supuesto tenía sus sombras, como todos,
pero caminaba regalando sonrisas,
disfrutando de ellas.

No era una persona vitamina,
era más,
era un refugio donde hasta las más oscuras de las tormentas
encontraban su paz...

Si tal vez se percibiera,
si acaso supiera hacía dónde mirar...
Sería capaz de encontrar aquello que,
por simplemente el hecho de existir,
regalaba, a los demás.

Era todo

Era como una tarde de otoño,
como esa luz que se cuela por la ventana:
cálida,
placentera,
vivaz...

Era como el olor a brizna cortada,
a campo,
aquél que incita a recorrer,
a explorar...

Era como andar sobre la arena y esperar al mar,
como la brisa,
fresca,
que acaricia tu cuerpo y
como el sonido del monte al despertar.

Era la luz y la fuerza
pero también la calma y la necesidad.
La necesidad de mirar,
de inventar, y
el recuerdo de una sonrisa.

Era como encontrar un camino en la inmensidad,
no,
era como atreverse a avanzar por él.

Era todo,
todo lo que quería ser,
era todo,
pero se dibujaba
como el reloj de arena
después de caer.

Así sin miedo

Tenía la necesidad de repasar
con el dedo las constelaciones,
como si pudiese atrapar
el universo entre sus manos,
como si desease más de aquello
que le correspondía,
como si tan solo pudiese
formar parte de esa inmensidad,
fundirse con ella,
perderse en su magnetismo,
ahí,
justo ahí.

Ahí congeló su tiempo,
en ese torbellino de estrellas que no entendía,
pero que le daban paz.
La sensación de plenitud,
la de verte envuelto en algo desconocido
pero placentero,
tanto,
que te invita a divagarte...

Porque a veces es eso,
a veces ocurre, el miedo a lo desconocido
nos paraliza,
tal vez debamos mirar a la vida
como si de un cielo estrellado se tratase,
así, con brillo en los ojos y el corazón dispuesto,
así, dejándonos atrapar por su magia,
devolviéndole en silencio un guiño
al titileo de cada estrella.
así, sin miedo,
arropados por el mando de la admiración,
así.

Sus besos en mí

Eran efímeros,
sus besos lo eran,
lo eran porque no necesitaban ser más,
porque vestían cargados de fuerza,
porque llegaban a lo más profundo,
sí,
justo de donde procedían.

Porque encendían la luz,
la luz de cada despertar, y
borraban cualquier atisbo de pesadilla.

Eran fuego y clamor,
justo la señal de partida,
justo el pistoletazo que indica el juego,
que hace espelucar la piel y acelera el corazón,
tanto,
que temes que te fallen las piernas...

Eran calor,
esos besos que transformaban mis días,
mejor aún,
que los construían...

Eran la muestra de todo,
del amor de verdad,
del hogar construido a conciencia,
del regalo de lo más carnal.
Y, a su vez,
reflejaban la libertad,
la elección y el poder,
el poder de sentir la ilusión aporreándote el pecho,
acompañando las subidas y bajadas,
y cada latido...

La calidez de unos labios que te regalan su mayor fortuna,
la calidez de acompañar esa mano que te estremece, y
de encontrar refugio en esos ojos que te imploran tiempo,
tiempo para dejarte llevar,
así, en silencio,
fundiendo cada segundo en su boca,
liberando la vida,
tu vida,
con cada respiración, y
abrazando aquello que,
aun sabiendo que no tiene definición,
se alza de forma inconmensurable
y te sacude por dentro haciéndote presa
del delirio más profundo.

Del delirio en el que solo los más valientes
hallan su esencia
mientras pierden
cualquier resquicio
de juicio social.

Las ganas de ti

Y si hablamos de latidos no puede faltar la pasión,
y si hablamos de emociones no puede faltar tu calor,
y aquí,
en mitad de esta habitación,
recuerdo el aroma de tu piel rozando mis sentidos.

El ajetreo de tu corazón buscando
una excusa donde volcar el impulso,
el tacto, suave, ardiente y cercano de tu boca
al deslizarse por una piel
que ya no es capaz de olvidar su rastro.

La mirada incandescente cayendo por un cuerpo y el susurro,
ese susurro que hace zozobrar el aire de mis pulmones...

Y si hablamos de latidos no pueden faltar
los que tú me provocas,
los que yo te regalo.

Y si hablamos de emociones
que sea de aquellas que dejan tatuadas las ganas,
las ganas de vivir...
Las ganas de ti.

Que nunca más será...

Parecía algo lejano,
no era un destello de emoción,
no era una sensación,
era el recuerdo
de un recuerdo,
era la añoranza del que ya no lo puede vivir.

Quedaban los restos de esa persona,
mi yo del pasado
y de cómo aquella situación que un día
me trajo un sinfín de percepciones
ahora solo era eso, el recuerdo.

Es extraño ¿verdad?
Como cambiamos sin apenas notarlo
y de repente,
un momento te conecta con aquel pensamiento cíclico,
y te devuelve a aquel lugar.

A aquel lugar,
a aquella vida que hoy parece lejana, y
sin embargo,
acuna a esas dos personas que viajan,
por una vez,
al mismo lugar,
aquella que fue y
aquella
que nunca más será.

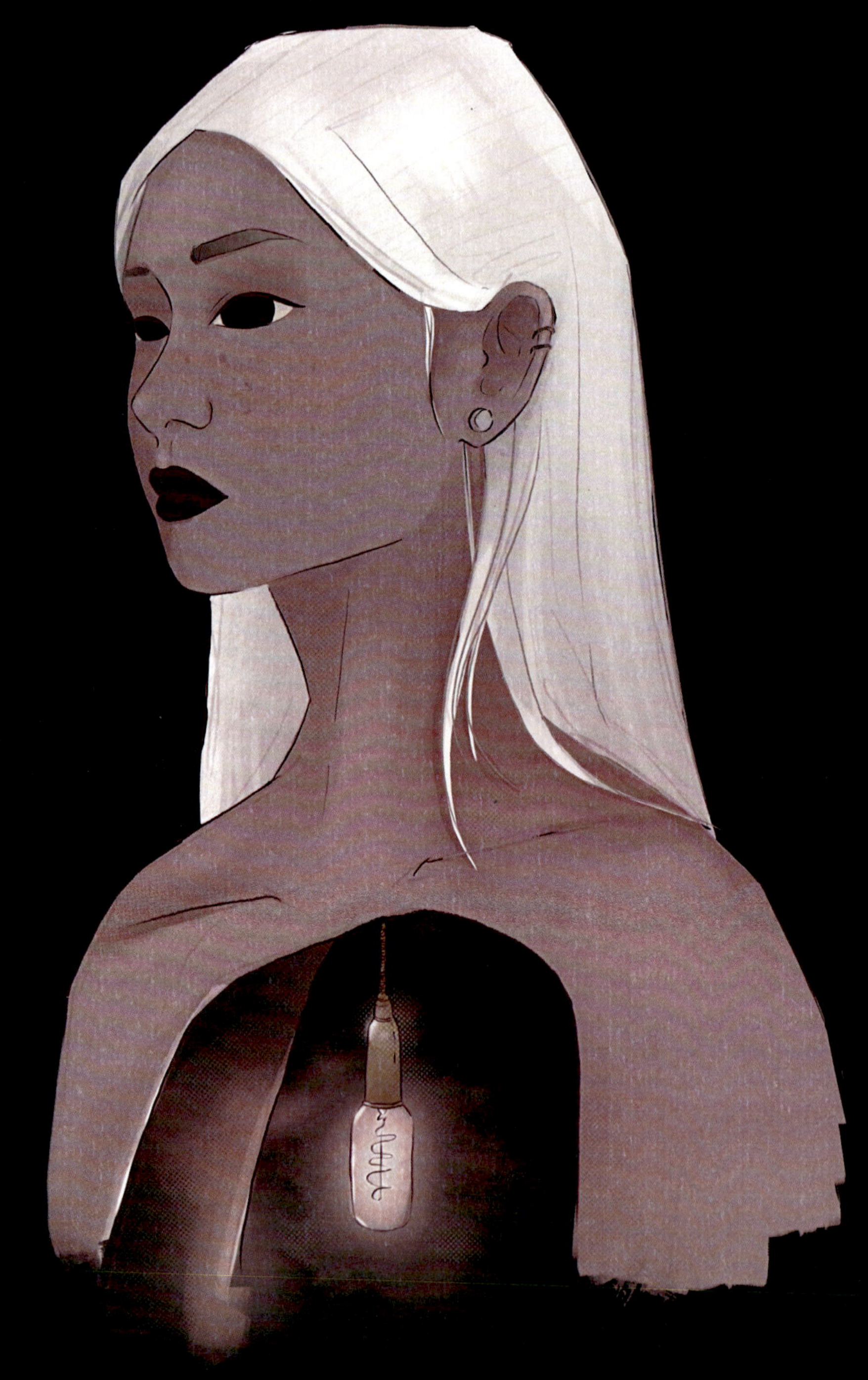

Oscura, sí, sin luz

Hoy se había despertado oscura,
era una sensación de desasosiego,
provocada por...
Tal vez por un sinfín de hechos que
a duras penas se atrevía a recorrer...

Hoy se había levantado
con el <<no puedo>> en la boca y
un peso horrible sobre los hombros
que le hacía divagar por el pasillo.

Hoy se había levantado
carente de cualquier tipo de emoción,
no sentía nada más que el vacío,
ese vacío que tan bien se había atrevido a conocer...

Hoy... ¿por qué hoy? Se preguntaba.
Si hoy es solo hoy,
y ahí se dio cuenta de que el hoy es solo hoy,
de que llenarse del vacío que te dejan los momentos amargos
no puede ocupar todo tu tiempo,
de que hay que dejarlos encontrar y sobre todo,
de que somos procesos
y como tal, merecemos un tiempo
que no nos regalamos.

Hoy se había levantado oscura,
pero entendió que la luz no puede vivir sin las sombras,
que estamos hechos de momentos, y
que no todos se pueden elegir
y que a veces,
solo a veces,
debemos buscar dentro aquello
que solo cada uno de nosotros sabemos sacar.

Hoy se había levantado oscura y,
entonces encendió la luz de la consciencia y
fue así como entendió que en la oscuridad
se aprenden otro tipo de cosas,
las cosas que solo conocen aquellos
que un día
perdieron su luz.

Un nuevo camino

Había bajado la persiana,
así creía que aquellos recuerdos recurrentes
no podían entrar
a pesar de estar llenos de oscuridad.

Había puesto tierra de por medio
construyendo planes que empezaban una nueva vida
y había borrado las huellas de los pasos,
y los besos que había dejado atrás.

Veía levemente su reflejo dibujado en las ventanas
que se atrevía a abrir,
cada vez más nítido, y
a la vez, más desconocido.

Empezar de cero ¿cómo es posible?
¿Y dónde dejas todo lo que un día elegiste ser?
¿Dónde guardas todo lo que te permitiste sentir?
No existe un empezar de cero
pues somos fruto de un proceso de construcción.
¿Entonces?
Entonces eliges un nuevo camino y
entiendes que solo el cambio que persigues
será el culpable de concederte
un nuevo ser.

A veces crecemos

Solía entenderse como una persona valiente
y, digo entenderse,
porque no siempre podía verse así.
Había cosas que le hacían tambalear el valor
y perderse,
perderse tan hondo que temía dejar de ver el sol.

Había luchado mucho para llegar a ser lo que era
y, en esos momentos,
le invadía la frustración recordando las batallas ganadas y
también las aprendidas.

Pero a veces,
se hacía hueco dentro de ella,
esa sensación que entumecía sus sentidos
y bloqueaba sus músculos.

Las batallas internas,
esas que no se ven,
esas que no disfrutan del valor otorgado
por el reconocimiento social.
Esas que te alejan sin saberlo de ti
y vuelven cetrina la piel.

Y, entonces,
sentirse valiente se transformaba en un reto,
en un duelo contra su propio ser
uno en el que no siempre salía victoriosa.

Entonces comenzaba a sentir esa neblina otra vez,
esa desgana latente que cubría de apatía cada momento que
con el esfuerzo de la obligación se sometía a vivir.

Y ahí estaba,

compartiendo su hogar,
sus salidas,
sus entradas y
su energía decadente.

Y ahí estaba,
apresándola fuerte,
haciéndole dudar de todo,
de nada,
de sí misma.

Y ahí estaba,
apretando los dientes,
tensando la cuerda
y acaparando cualquier huida hacia la luz.

Y ahí estaba,
desdibujándolo todo
y ensordeciendo su lucha por salir.

Y ahí, ahí estaba,
acompañando y mellando cada paso
y obligándola a mirar atrás.

Y así fue como un día aprendió a vivir con sus demonios,
entendiendo que el valor no solo
se consigue tras las luchas, también se da.
Y si se da, también se puede quitar.
Y entonces, entendió que podía quitarle
ese valor a sus fantasmas y
servirse de él para aumentar el suyo propio.

Y ahora no eran ellos los que salían a pasear con ella,
ya no participaba presa de su desdén.

Ahora era ella
la que dejaba la puerta abierta porque
ya no temía que se escapasen,
había aprendido a ocupar su lugar, y
fue a él al que llamó compañero.

Justo ahí, en ese lugar...

Siempre encontraba la dificultad para atreverse a hacer,
¿la encontraba o la buscaba?
Se vio con el valor suficiente como para prometerse a sí misma
mil y una vez más, que no lo lograría,
fallando, sí,
fallando de nuevo a su ser.

Le resultaba sencillo hacerlo, solo debía fingir normalidad,
silenciar esas voces internas que nadie más podía escuchar
y seguir hacia adelante,
tal vez hacia atrás.
¿Qué más daba?

Vivía presa de su propia convicción,
construida al dedillo por mentiras que se obligaba a
contarse todos los días como si fuera una lección...

Sujetaba con fuerza las vendas que ataba a sus ojos
pero también a su corazón, y
enmudecía cada vez que algo le inspiraba...

Parecía diferente desde fuera,
lo era,
era distinto a todo lo que se percibía desde dentro.

Es difícil obviar que las heridas que creemos cerradas por fuera
difícilmente sellan por dentro,
es difícil entender la diferencia de las formas
cuando es tangible e intangible a la vez...

Es difícil representar en tu cabeza la idea de que algunas heridas
son como un volcán en calma,
apagado a los ojos externos sin saber si algún día volverá a despertar.

Es difícil entender que por fuera parece cerrado
lo que por dentro ansía explotar.

Es complejo entender que algunas heridas permanecen latentes
y, aunque su marca se disipe lentamente,
su presencia se esconde ahí,
justo en el lugar que le hemos buscado,
justo en ese lugar
que nos permite avanzar.

Creer en ella, siempre en ella

Pues tal vez no era el mismo,
claro que no lo era
y, aunque lo miraba raro,
como si fuera la primera vez que lo veía,
sabía,
sabía que era él
pero que algo había cambiado,
de hecho,
había cambiado tanto
que, si no fuese porque por fuera era exactamente igual,
habría jurado no conocerlo.

Se sentó a su lado, nerviosa,
indagando sigilosamente los ojos de la persona que tenía delante,
pues no se atrevía a hablar,
no sabía muy bien cómo enfrentarse a esa nueva personalidad,
no sabía si tal vez quedaba lejos
lo que antes hubiese sido valorado como ingenioso.

Así que aguardó hasta que él la cogió de la mano.
La notó más fría de lo normal,
no recordaba así su tacto,
tampoco su seguridad
ni su firmeza.

Era apacible, así que fue relajándose y
volvió a sentir que encajaba en su propia piel.

Se avergonzó de pensar que no iba a ser capaz.
Se avergonzó también de haberse bajado de aquel escalón,
trabajado, que le hacía sentir que estaba a la altura,
porque ella siempre lo estaba.

Se sintió triste, pues se había dejado sucumbir por la inseguridad.
Entonces recordó lo que le hacía fuerte:
ella.
Ella era fuerte
porque no se planteaba vivir de otra manera.

Y entonces se enfrentó al miedo
pues daba igual su forma,
daba igual su presencia,
incluso su implacabilidad,
pues creer en ella era lo único que
lo podía vencer.

Solo cuando ha de llegar

Había sucumbido de nuevo
y se maldecía por ello,
recordaba con orgullo cada una de las veces
en las que había salido victoriosa, y por eso
todavía era mayor la rabia y la sensación de fracaso.

Sabía que podía,
ella podía,
pero a veces,
no bastaba con poder.

Pues ella podía,
pero hoy no quería.
Una extraña fuerza se había colocado
entre ella y su determinación
frenándola en seco,
apagando el motor de su voluntad.

¿Por qué? ¿Qué había hoy diferente?
Se preguntaba, escondiendo tras de sí
un grito mudo de desesperación.

¿Por qué hoy?
No podía parar de sentir el desasosiego
que la empañaba,
el nerviosismo que la sacudía,
no podía parar esa sensación, y
por más que la apretaba hacia abajo,
hacia lo más profundo
salía, volvía y la interrumpía con fuerza,
con la misma fuerza con la que sorprende
una tormenta de verano,
con la misma fuerza con la que descarga
el mar su furia contra las rocas.

Y ahí estaba
tratando de lidiar de nuevo
con algo que ya creía controlar.

Y ahí estaba
perdiendo los papeles que todavía
le faltaban por colocar.

Y en medio de ese caos
repentino,
se calmó,
decidió entender
que no todo se puede mantener bajo control,
que a veces es necesario ceder y,
entendió que se había castigado,
que no se había escuchado.

Y volvió.
Volvió a repetir el camino
cambiando los pasos, y
se abrazó al dolor y prometió no frenarlo,
porque todo llega cuando ha de llegar,
porque todo se va cuando por fin
se baja el telón.

Entonces vivir

Le gustaba sentir cómo jugaba al juego del gato
y el ratón con sus problemas,
a veces los evadía,
otras se ocultaba de ellos, y
muchas otras, no sentía que los buscase
pero sí que los dejaba entrar.

Había pensado mucho en ello,
tal vez más de lo que debiera.
Había logrado entenderse en ese juego de desequilibrios
pero no lograba imaginarse fuera de él.

Había buscado ayuda,
sin éxito,
y, recalco sin éxito, porque ella no se dejaba ayudar.

Seguía atropellándose a sí misma cada día
y aprovechaba cualquier ocasión
donde dejarse caer se le antojaba como la única opción.

Había días en los que recobraba la fuerza,
no porque la hubiese perdido sino porque la instaba a salir.
Había días que no quería ni tan siquiera
escuchar hablar de la vida,
pues sentía que hacía mucho
que no recordaba lo que era vivir.

También había otros días,
no eran muy numerosos,
ni tampoco sabía a qué se debían
pero ansiaba tenerlos porque volvía a sentir.

En esos días apreciaba un nuevo amanecer,
le agradaba el olor a café, y
disfrutaba escuchando el paso
de aquellos con los que se cruzaba,
en esos días esbozaba sonrisas sinceras y
se hacía promesas de verdad,
aquellas que le permitían alcanzar el cambio.

Esos días le daban más que fuerza y,
aunque al terminarse
parecían simplemente un espejismo
marcaban en su alma un trocito,
cada vez mayor,
de esperanza.

Porque uno solo renace cuando quiere renacer,
porque no nacemos listos,
ni siquiera preparados para nada
pero sí dispuestos,
porque la actitud es el arma más poderosa que existe,
por ello
solo debía elegir si realmente quería cogerla y vivir,
entonces vivir.

Aquello que nunca dejamos de pelear

Había esperado con ansia la noticia,
es más,
había luchado tanto por ella que
sentir que no llegaba era todavía más agotador.

Había imaginado el resultado
tantas veces,
que incluso llegó a creérselo.
Para entonces ya no le quedaban
fuerzas donde encajar algo diferente.

Y así fue,
los ojos se le llenaron de lágrimas
casi sin haber tenido tiempo de leerla.
La rabia
le subía tan fuerte por el pecho que sintió
que le taponaba la garganta,
pero lo peor no era eso,
lo peor
era la frustración con la que ahora se encontraba.

¿Cómo iba a gestionarla si ni siquiera la esperaba?
Necesitó con urgencia sentarse pues todo parecía girar,
se tocó la frente, estaba fría, mojada y
la sien le palpitaba tan rápido que podía percibirse a simple vista.

A veces los esquemas,
incluso aquellos construidos con la mayor de las dedicaciones,
se rompen
y tal vez
un trocito de nosotros se rompa ahí también,
pues el dolor que sentimos así lo indica.

Y, por un momento,
parece que todo se ha perdido,
hasta nosotros mismos.

Y, por un momento,
parece que nada va a volver a salir bien
y, por un momento,
¡Dios! Cómo nos gustaría parar el tiempo,
salir fuera y podernos observar.

Y, por un momento,
justo por ese mismo momento, debemos parar,
parar para volver hacia atrás,
parar para poder volver a enfocar
como si de una imagen borrosa se pudiera tratar.

Pues cuando esto ocurre,
cuando nuestros esquemas se resquebrajan,
y no existe la salida,
debemos recordar cómo
hemos llegado hasta ahí.

Debemos recordar la importancia del trabajo dedicado,
del arrojo de empezar,
del tiempo que nunca más volveremos a tocar
y seguir,
seguir con fuerza
porque todo lo que un día seremos
será el resultado de lo que ayer no fuimos, sí,
pero también,
de aquello que jamás
dejamos de pelear.

De fuego su corazón

Podía,
podía dominarla,
sentir que desajustaba su voluntad.
Que obedecía su mando y respondía ante sus leyes.

Sentía el poder,
el poder de crecerse en cada situación,
el mismo con el que se cogía cada vez
un trozo más grande de su alma,
el mismo, con el que minaba su entereza
y palidecía su porvenir.

A su vez
le ofrecía un amor caduco,
un refugio de sus propias manos
y una salida constante a la que no podía acceder.

A su vez,
le ofrecía palabras vanas,
promesas impenitentes
y ardor en el corazón.

Cada día borraba sus sonrisas y apagaba su tez.
Cada día le arrancaba el coraje a tirones y adormecía su ser.
Cada día,
preparaba
cada una de las situaciones que
él
quería creer,
y con ello, su vida se encogía otra vez.

Alimentaba su desconcierto y la mantenía
en un estado de embriaguez,
así cada día recuperaba su ego

al verla enloquecer.

Jugaba a su juego,
violento y discreto a la vez,
y la sentía temblar como si fuese la primera vez.

Miraba su rostro y lo cubría de dolor
pues su orgullo,
su orgullo
era todavía mayor.

Tenía el corazón tan frío que apenas latía, y
ansiaba el calor de un alma pura a la que poder poseer.

Él no lo sabía,
él no lo intuía,
él no veía el fin
pues, aunque con acero se forjaba el yugo con el que
él la retenía,
de fuego era su corazón,
el de ella,
el mismo que estaba a punto de hacerlo arder,
el mismo, el de ella, el que lo iba a vencer.

Seguir, como siguen los valientes

Igual solo tenía ganas de salir
o tal vez de seguir pero cambiando el camino.

Igual solo pretendía entenderse,
ansiaba ser feliz pero le resultaba un mundo complejo.

Igual solo quería saciar su sed de libertad,
abrir las cadenas que lo ataban a su cruel realidad
y enfrentarse a ella.

Igual solo debía decidir cómo quería hacerlo,
igual bastaba solo con empezar.

Había reinventado tantas veces su pasado
que estando ahí,
en ese bucle, se olvidaba de vivir.
Había recreado tantas veces su futuro
que olvidaba tachar los días que pasaba ahí.

Había querido huir
pero no podía,
no podía porque huir
no entiende de salidas,
no podía porque huir solo era aplazar
y la procastinación se le atascaba en la garganta.

No podía huir.
Así que
decidió dejar de inventar futuros,
decidió dejar de resolver pasados y
se abrió paso entre el aquí y el ahora.

Y, aunque no le gustaba lo que veía,
aunque no entendía cómo hacerlo
comenzó.
Y comenzar no le hizo experto
pero sí le permitió avanzar.

Adelante, con cuerdas, sin ellas

Se atragantó
pensando en las cosas que siempre le quedaban por hacer,
en las palabras que nunca dijo
y en el tiempo que nunca se apartó para sí.

Se atragantó
pensando en los días que ya no volverán,
en las hojas que ya nunca más caerán
y en las miradas que nunca más le regalarán.

Se atragantó
escuchando la evolución de la vida al pasar,
las huellas reflejadas en su antiguo yo,
y el camino, borrado ya por el tiempo,
que dejaba atrás.

Y entonces
se llenó los pulmones de valor,
cogiendo todo el necesario,
el que le ayudaría a dar a su porvenir ese empujón.

Entonces soltó de un solo suspiro
cada una de las cuerdas que le ataban
y las usó para escalar,
y, mientras subía,
mientras focalizaba su fuerza y su energía en un solo objetivo,
se dio cuenta de que lo difícil
no es llegar,
lo difícil,
es empezar.

Eres...

Eres la luz,
la luz que te corre por las venas.
La reflexión de cada noche antes de dormir.
El abrazo que te envuelve.
El llanto de emoción.
El brillo que provocas,
la mirada que seduce, y los labios que emanan amor.

Eres sueño,
eres fulgor,
eres candente y
compleja evasión.

Eres cada una de tus pasiones y el amor que profesas.
Eres el sueño de una persona sincera,
eres la ausencia de la maldad.
Eres el porvenir,
el futuro que anhelas y el abrazo sincero que das al despedir.

Eres el árbol que acuna implacable a sus hojas,
el que echa raíces para que los demás simplemente puedan vivir,
el que da apoyo y refugio, el que estira las ramas
procurando un nuevo amanecer.

Quédate con quien te cuide en las tormentas,
quédate con quien te ayude
a seguir en pie.

Esa luz...

Había estado posponiendo las emociones
tanto tiempo que no recordaba cómo era sentirse en paz.
Había querido ocultar tantas veces su dolor
que ya no sabía si seguía fingiendo.

Había aprendido a ceder,
a ser compasiva,
a dar primero,
tanto, que a veces,
a veces no quedaba para ella.

Había pedido tantas veces perdón que
perdió el sentido y también el poder.
Y así había normalizado el dolor,
había repetido el patrón,
una,
otra y otra,
y una vez más.
Tanto, tantas veces, que no se reconocía.

Una,
tantas, tantas veces, que ella misma se ensombrecía.

Había marcado sus huellas en el destino que
dibujaba en sus adentros
sin atreverse a salir.

Y, aunque sabía que se estaba perdiendo su vida, prefería
ocultarse en las sombras presa del temor que le provocaba salir.
Y aunque algo le decía que dejase el miedo atrás
y gritase reclamándose importante,
le daba pavor ensartar un motivo que la volviese a hundir.

Pues,
a veces,
preferimos un mundo de sombras
por evitar cegarnos con nuestra propia luz.

Nunca dejes de nadar...

Se le acumulaban las emociones
como el polvo en ese libro que dejó de leer.
Como las decisiones que aplazó con desdén.
Como el miedo que crecía dentro,
sigiloso,
ese que se llenaba de poder.

Escogió de todas las salidas
la única que le haría tener que volver.

Recogió lo poco que le quedaba y lo llamó libertad.
Se acostumbró a vivir bajo las órdenes implícitas,
a través de sus reproches,
escuchando poco más que su corazón a golpes por salir.

Reconstruyó las situaciones una a una,
presa de la convicción que la sostenía.
Pues quería creer lo que quería creer
y poco importaba si volvía a caer.

Atravesó de un solo suspiro el cristal por el que veía y
encerró en su mundo la idea de creer en algo más.
Rompió en mil pedazos la lealtad de los demás
y se encargó de subir a cuestas el orgullo que no podía encajar.

Olvidó las palabras,
olvidó lo que supone abrazar,
olvidó la franqueza y
olvidó la verdad.

Y, en aquel mismo instante,
también se olvidó de nadar.

Perdemos el rumbo y ¿qué nos queda?

Fijó su mirada en aquel reflejo y,
aunque siempre había estado ahí,
hoy vio algo diferente.
Y es que a veces vemos solo lo que queremos ver,
y es que a veces no basta con solo mirar
pues es necesario saber dirigir la vista un poco más allá.

Hoy, con suerte,
llegaría a casa y se daría de bruces con la realidad.
Y, aunque a veces, le apenaba sentirla, escuchar que existía
también le daba paz.
Se sentía cómoda en su burbuja,
aunque a veces se negaba a pensar.

Se identificaba vacía,
temerosa del cambio,
anclada a la monotonía dirigida por los demás.

Vivía a toda velocidad,
a veces tan solo arrastrada por el tumulto social,
a veces tan solo como si no tuviese tiempo
ni tan siquiera de frenar.

Había recorrido,
sin rumbo,
los desniveles entre vivir y soñar
tanto, que casi no distinguía atisbo de realidad.
Se había comprometido
con el deber y, así se dejaba ganar,
pues el ajetreo externo la sucumbía a divagar.

Rompía las cadenas de puertas para adentro
pero se negaba a enfrentar la voz de la verdad.
Y, aunque a veces recorría su senda con paso firme,
esta no dejaba de ser sino otra creación de los demás.

Mi gente, nuestra gente.

Y la gente así, pasajera de su propio viaje,
del mío, del tuyo.

Y la gente así,
la que engancha con su magia,
la que devuelve y envuelve una sonrisa,
esa gente que te mira con brillo y te ofrece pureza.

La gente que te premia con su esencia
y te regala su presencia.
La que te escucha sin necesidad
de tenerle que rogar,
la que anticipa tu expresión
y te apoya sin pensar.

Aquella,
la que cambia tu día,
la que te guarda su tiempo y te ofrece lealtad.

Qué difícil parece tenerlos,
qué fortuna encontrarlos,
qué regalo poder saber otorgarles su lugar.

La gente que alarga la mano y te sujeta fuerte
cuando tú no encuentras el valor.
La gente que se queda a tu lado, te saca del miedo,
te devuelve el calor.
La gente que cuida,
protege y devuelve el amor.

La gente,
aquella gente,
aquella que te salva,
incluso
de ti.

Todo lo que siempre callé, todo por lo que nunca hablé

Todo lo que siempre callé,
todo lo que una vez guardé,
tanto, tan adentro,
que se convirtió en anhelo.

Tanto, tan adentro, que no recuerdo cuánto me marcó.
Tanto, tan adentro, que a veces se convirtió en rencor.
Tanto, tan adentro que nunca me dejó.

Las cicatrices,
las heridas que un día lo fueron,
los aprendizajes del dolor,
los aprendizajes que la vida enmarca.

El ser, el tener, el volver a caer.
El miedo, la nostalgia, el querer y no saber.
El miedo, la frustración, la búsqueda del ser.

La sonrisa olvidada,
la tuya,
la mía,
la que nunca quiso escapar,
a la que nunca dejaste expresar.

¿Cuánto arrepentimiento puede caber en el silencio?
¿Cuánto dolor puedes guardar al callar?
¿Cuánto tiempo dura el arrepentimiento?
¡Y es que cuánto cuesta salir a bailar!
¡Y es que cuánto cuesta sentir libertad!
Creer en ti y en tu voz.

Dejar de sentir el miedo y cambiarlo por pasión.
Y es que cuánto cuesta saber
la importancia de la determinación.

Y es que cuánto cuesta
caminar sin sentir el peso de la sumisión.

Ser libre y capaz,
ser fuerte y mantener la claridad.
Acogerse a la luz y volverse contra la oscuridad.
Romper el frío silencio de una voz rota y atreverse a soltar,
deshinchar los miedos y hacerse notar.

Encontrar tu camino y crear las puertas de tu propia verdad.
Sacar los dientes y encontrar tu lugar.
Sentir que importas, que te importas de verdad.

Saber que si tienes eso nada puede salir mal.
Saber que aquí comienza tu viaje,
el viaje hacia tu libertad.

**A ti que siempre fuiste tan leal, a ti te concedo el viaje
hacia nunca más**

A ti,
me gustaría hablarle a la inseguridad desde la firmeza
que me otorga el valor de referirme a ella.
Me gustaría decirle que me ha robado
muchos momentos marcados por su lema,
en él se lee claramente <<ese no es tu lugar>>,
en él me cierra las puertas,
me conduce siempre hacia la soledad.

Me gustaría hablarle de los besos
que he dejado congelar en mis labios por el miedo a fallar,
del temor al qué dirán,
del martilleo constante del qué pensarán.

Me gustaría contarle las veces
que he dejado ese número sin marcar
y, sobre todo, las cosas que han muerto
dentro de mí sin la oportunidad de ir más allá.

Me gustaría hablarle del tiempo que he necesitado,
ahí, frente al espejo,
mirando cada uno de mis aspectos
hasta encontrar uno que fuese capaz de mostrar.

Me gustaría hablarle de las oportunidades
que he dejado marchar,
de aquellas que...
Dímelo tú,
¡ah sí!
Nunca más volverán.
De los miedos que me he creado,
de las burbujas vividas que jamás he explotado.

Y hoy,
hoy ¿por qué no?
También me gustaría hablarle del trabajo diario,
del mensaje que me envío cada noche,
cada día,
del poder que siento cuando me veo así,
alejada de ella, fuerte, segura, capaz...

Me gustaría que supiera que hoy,
hoy
he venido a quererme,
a disfrutarme,
a hablarme bonito,
a valorar lo que soy.

Hoy he venido a impedir que nadie me cuestione,
a romper con los prototipos,
a terminar con el canon de la opresión.
Hoy he venido a sentirme mejor si rompo los moldes.

Y, aunque a veces aparezca,
aunque a ratos toque a mi puerta,
yo, yo hoy he venido a vencer,
a mirarle a los ojos,
a hacer eco de mi indudable <<inmarcesibilidad>>.

Y a invitarla a quedarse ahí,
a un ladito del sofá,
mirando mi vida en esta ataraxia construida.

Pues efervescente es su paso,
al igual que su huella.
Y al igual que un día necesité su permiso,
hoy,
hoy solo me permito yo.

Nació preso

Nació preso de un sistema que eligió para él un color,
un nombre,
un lugar que ocupar.

Nació pensándose libre,
creyéndose con poder,
con autodeterminación.

Nació en el seno de lo estipulado,
de la regla y del deber.

Nació tan preso de su propia convicción que,
al morir solo quedó el legado de todo aquello que,
por temor,
nunca se atrevió a hacer.

Pese a las sombras volverá la luz

Solía negarlo,
acallar la verdad,
solía esconderlo aunque gritaba al pasar.
Cerraba la puerta comenzando la cuenta atrás.
Y así volvía a escaparse el monstruo que no me dejaba en paz.

Construía mil castillos de arena
pero su soplido los lograba alcanzar.
Volaba cometas en el aire
pero las dejaba escapar.
Me hubiese gustado poder comparar,
sentir un abrazo,
uno de verdad.

Me habría encantado salir a bailar,
olvidar el miedo a que alguien me volviese a pisar.
Había imaginado tener mis propios pasos
pero soy pequeño, no sabía caminar.
Por ello buscaba sus huellas y
repetía su caminar,
por ello intentaba una y otra vez encajar.

Cada noche se metía en mis sueños y robaba mi libertad.
Cada escondite que buscaba, él lo conseguía encontrar.
Lanzaba mil piedras contra ese cristal
pero no se rompía, aunque fuese real.

Pedía permiso para poder escapar
pero, por más que corría, siempre estaba detrás.
Vivía atrapado y, aunque podía vivir,
no recordaba haber tenido derecho a elegir.

Pues la infancia es un tema tan serio
que no cualquiera lo puede tratar.
Porque la infancia,
señores,
la infancia es la única que oculta la verdadera
verdad.

**Que tu tiempo no le pertenezca,
que mi tiempo no te pertenezca.
Se nos olvida,
a veces se nos olvida que
no hace falta irse para no estar.**

El guion

Apartó el guion de su vista,
bajó la mirada y suspiró.
¿Acaso nadie más quería verlo?
¿Acaso nadie más podía sentirlo?

Vivía sabiendo qué decir,
cómo decirlo,
cuándo,
pero ¿lo peor?
Lo peor era que también vivía programada
para sentir lo que debía sentir,
tan solo lo que le habían enseñado.

Y así pasaban los días entre la inseguridad y el miedo,
la desconfianza e incluso el rechazo.
¿Y por qué se sentía mal?
Si hacía lo que hacía,
porque era exactamente eso
y no otra cosa lo que se esperaba de ella.

Había complacido tantas almas que
dudaba de si ella acaso la tenía.
Había creado tantas sonrisas complacientemente
que no se había parado a buscar la suya.

Cuidaba del resto con amor y devoción,
con la obligación oculta bajo el mismo telón,
tan oculta,
tan invisible
que se llevó la capacidad de cuestionar
aquella impuesta misión.

Se dio por hecho y nadie se preguntó,
se dio por hecho y la estancia se llenó
primero de conformismo y más tarde de evasión.
Se dio tanto por hecho que olvidó su valor,
olvidó su valentía
y también su pasión.

Revisó su guion pero no se veía.
¿Dónde estaba ella?
¿Dónde estaba su valía?
¿Acaso era otro papel el que le correspondía?
Cerró los ojos y vio quién creía ser.

Se vio rompiendo patrones y
repitiendo palabras de poder
y, en ese momento,
se prometió volver.

Y, en ese momento,
se olvidó de obedecer.

Y, en ese momento,
justo en ese preciso momento,
se llenó de coraje
y comenzó a ser.

Empieza, ya seguirás

Parecía distraída,
lo estaba,
hacía tiempo que no vivía en sí.
Qué curioso, ¿verdad?
Hacía tiempo que no podía mantener una conversación,
pues sentía que nada le causaba emoción.

Vivía pendiente de los actos pasados,
dejaba que estos recorrieran su cuerpo,
primero hacia arriba,
después hacia abajo,
en bucle,
todo en bucle,
rumiando
sin ver el inicio,
sin encontrar el final,
sedienta de más desdén,
de cualquier cosa que poder invocar.

También se adentraba en el futuro decidida a elucubrar,
se imaginaba en pie, fuerte, sin tambalear.
Andando firme entre las rocas,
aquellas que se empeñaba en coleccionar.

Había vivido tiempos mejores,
de eso no tenía duda,
estaba segura,
pero no los podía alcanzar.

Había sabido escuchar,
también había logrado participar,
pero ahora se sentía alejada luchando por respirar.

Había encogido su corazón,
tantas veces,
que a menudo se preguntaba dónde podría estar.

Había sacudido tantas veces sus pensamientos
que ahora ya no los podía colocar.
Se había sentido presa del mar,
agitada por las olas que produce la soledad
y había luchado,
incluso por desembarcar.

Miraba la noche y el día pasar
y solo ansiaba poderlos tocar.
Escuchaba el fuego que le subía,
lento,
y buscaba refugio
aunque fuese hacia adentro.

Temía quemarse,
perpetuar su lamento.
Temía convertirse tan solo en un espectro.
Se acurrucaba frente a su muro y
seguía poniendo las piedras en él.

Acaparaba todo el tiempo
y enseguida lo perdía otra vez.
Presa de su propio pesar,
presa de no saber encontrar
aquella batalla que debía lidiar.

Perdida,
sin fuerza,
sin saber cómo empezar.
Sin entender
que solo el primer paso
es el que más cuesta ver.

Juntos, como cuando nos procuramos amor

Cógeme de la mano pues quiero que esto sea contigo.
Abracemos juntos lo que está por llegar.
Irrumpamos juntos como la fuerza del mar.

Acógeme como parte de ti,
como esa que yo construyo,
como esa de la que yo soy culpable.

Y guárdame ahí,
cerquita para que cada latido,
fuerte,
intenso,
sea un pasito más,
un ánimo más,
un poquito menos.

Y guárdame ahí,
cerquita,
donde te pueda encontrar,
donde cada vez que me pienses
yo lo pueda escuchar.

Y mantenme ahí,
segura,
protegida de mis miedos,
de los tuyos, e invítame a querer,
a querer conquistar la marea,
aunque me arrastren sus olas
pues no hay nada que me pueda vencer,
excepto la inseguridad
si la dejo crecer.

Si es amor, que sea libre

En el alma un sentimiento
que en la cara no se deba apreciar.
El pecho latiendo con fuerza,
mi mente me invita a volar.

¿Por qué todo flota si me dejo llevar?
Mi cabeza no para, se niega a olvidar.
Recorro caminos,
¡Dios, no sé a dónde van!

Elijo momentos de gloria al final,
sacudidas latentes que me invitan a entrar.
Y, al final, escondidos en ese umbral al que los dos accedimos
sin quererlo evitar.

Y, al final, escondidos pues no es conducta social,
las explicaciones me fallan,
me sobra verdad.

Y, aquí,
en medio de la gente
intento no verte pero no lo consigo,
intento huirte pero tu magia es más fuerte.

Intenté olvidarlo,
me obligué a cancelarlo,
jamás ser feliz se pagó tan caro.

Y acallé mi libertad con las palmas de mi mano,
acaricié tu voluntad con la rozadura de este amor liviano.
Y callé, callé a tanta gente que enjuiciaba con su dedo
y también con su mente.

Y callé, callé a tanta gente que ensuciaba
tu nombre con mentiras mal dichas
y miradas imprudentes.
Y entendí mi fortaleza,
y me vi capaz de amar sin prohibiciones.

Dejé los juicios,
el qué dirán
y me envolví de ti,
de mí,
de lo que éramos,
y lo supe...

Pues la voz
era la única que no tenía derecho
a correrse.

Algo que me traiga la paz

Algo que me inspire,
que lo haga de verdad,
que me dé un vuelco en el estómago
y me deje con ganas de más.

Algo que me motive,
que me devuelva la creatividad,
algo que me sorprenda,
que me permita soñar.

Algo que al sentirlo me transforme,
me transporte a algún lugar.
Que me deje ahí por un ratito
relamiendo su intensidad.

Algo que me toque,
que me toque de verdad,
que me llegue ahí adentro
como el aire al respirar.

Algo que me evoque,
que me permita identificar,
ponerle nombre a todo lo que siento,
que me ayude a descifrar.

Algo que me encienda,
que no me vuelva a apagar,
que me ayude con las respuestas
que tanto cuesta encontrar.

Algo que me devuelva la fe,
que me permita creer que hay más allá
donde las almas perdidas hallan un lugar.

Algo que me invite a mirar más lejos
de lo que mi humilde vista me permite alcanzar.

Algo que me atrape,
me entusiasme,
me haga temblar.

Algo que recoja todas mis emociones y
las saque a brillar.

Algo que me entienda y
me devuelva,
algo que me engrandezca
y me hable de empezar.

Algo que me recuerde cómo crecen las ideas si se las sabe regar.
Algo,
un trocito,
pero que abrace la inmensidad.

Empezar, justo desde dónde se deba empezar

Puso su cronómetro a cero y
aunque no funcionaba así,
sí le permitía percibir un nuevo comienzo.

Estaba tranquila, pues sabía justo desde dónde debía comenzar.
¿Acaso a eso mismo no se le puede llamar empezar?
Se sacudió el polvo de aquellos fragmentos que ya no usaba,
aunque los guardaba para sí
recelosa de su poder.

Le gustaba volver a ellos de vez en cuando,
recuperarlos por un instante para dejarlos marchar
cada vez un poquito más lejos.
Y cuanto más lejos se iban,
más cerca se sentía de coger las riendas y comenzar,
solo comenzar.

Apuntó sus metas como si de cualquier lista se tratase.
Difícil decisión, ¿verdad?
No dedicó tiempo a convencerse de cumplirlas
pues lo tenía muy claro.

A veces sucede,
la idea ha estado ahí,
macerando,
demasiado ocupada creciendo
mientras nosotros seguimos,
sin más.

A veces la idea se hace tan grande
que no la puedes sujetar
y necesita explotar.

A veces,
nos chocamos de frente con ella y
no queda más remedio que pararte a escuchar.

Las cosas que nos pasan,
las decisiones que tomamos,
nos conducen hasta ese lugar.
¿Crees que es coincidencia que
aparezca exactamente igual
a cuando lo atrevías a soñar?

A veces sucede, sí,
pero no sucede sin más.
Por ello sé fuerte,
espera
y verás.
La vida te trae todo aquello
por lo que tú estás dispuesta a luchar.

A veces basta

Apretó su mano,
la apretó tan fuerte que casi podía
notar las palpitaciones que recorrían,
sin rumbo,
desde su muñeca hasta su dedo índice.

Apretó su mano
y, por un momento,
se dejó vencer,
se paró en seco
y sintió que podía contar con él.

Apretó su mano en señal de apoyo,
en busca del respaldo que solo su persona le podía ofrecer
y calló,
calló por un segundo,
quizás dos,
pues se sentía acogida,
protegida con él.

Apretó su mano al tiempo
que desaflojaba la presión de su pecho,
al tiempo que recuperaba la certeza y
al mismo tiempo que recuperaba su voz.

Limpió de un impulso las ideas
que latían bulliciosamente en su cabeza
y recobró el silencio que le devolvía la paz.
Solo sentir su mano le daba la fuerza para seguir,
pues con ella recuperaba su juicio y dejaba de huir.

Pues, aunque ella sabía que tan solo era un gesto,
escondía tras este un recorrido entero de lo que es vivir.

Pues, aunque ella sabía que solo era un gesto,
también entendía que no de todo el mundo lo podía recibir.

Pues no todo el que te quiere te entiende,
pues no todo el que te quiere te puede ayudar,
porque, a veces,
a veces basta
con no detenerse a juzgar.

Es hora, ahora

Dejaba la vida pasar,
tal vez mañana pueda comenzar,
tal vez mañana,
quizás
encuentre dónde estar.

A menudo mantenía firme la decisión
de saber quién era,
otras,
sin embargo,
se conformaba con no soltar la cuerda que la sujetaba
a la rapidez de sus días.

Pasaba las hojas
tan rápido
que a duras penas se acordaba del hoy.

Pasaba las hojas
tan veloz
que se había acostumbrado a escuchar muy alto
el sonido de su vida atroz.

Para cuando quería frenar,
un día nuevo se vislumbraba al final.

Para cuando ansiaba parar,
mil maneras de evitarlo retumbaban
tras cada despertar.

Un día,
otro día,
un año al final,
un ratito,
otro ratito
y, al final, una eternidad.

Sin tiempo,
sin vida,
contando hacia atrás.

Sin acciones,
con excusas,
sin poderlo parar.

Sin escucharse,
sin hablarse,
sin quererlo cambiar.

Se nos va la vida,
sin entender que no se puede evitar,
sin entender que tu tiempo también tiene un final,
sin entender que eres tú quién debe elegir en qué lo quieres emplear.

En ese estado de letargo

Entrar en ese estado de letargo,
otra vez,
dejarse llevar por la rutina fácil,
esa, la automática,
la que impide pensar,
peor, la que anula la razón.

Caminar por caminar,
carente de decisión,
incapaz de avanzar,
ausente de determinación.

Estar ahí y saberlo,
estar ahí
y, peor aún,
quererlo.

Estar ahí y describir ese ahí como vacío,
nublado.
Y todo va rápido,
y no se para,
y no se frena,
y las vueltas cada vez se estrechan más.

Sentir ahogo,
sentir vacío,
sentirse incompleta y no poder frenar,
y no quererlo.
Pues por un momento,
quizás demasiado largo,
este estado era el único que yo conocía.

Pues por un momento,
tal vez
demasiado abandonado,
este estado era el único en el que yo vivía.

Y ahora que aparece esa luz creada con fuerza,
con dedicación,
con tantos momentos de dolor,
quizás ahora me resulta extraño entrar,
de nuevo,
en ese camino carente de pasión.

Y quizás ahora,
me resulta lejano,
y quizás ahora,
al haber percibido otra forma de sentir,
de vivir,
de construir,
me resulta pesado volver,
me ralentiza,
me oprime,
me aturde
y me preocupa a la vez.

Y quizás ahora puedo entender
que tu mente te lleva a lo que crees conocer,
que prefiere la rutina
a dejarse entorpecer,
que es capaz de engañarte y de hacerte creer
que más vale lo conocido,
lo cómodo,
lo seguro,
que empezar a recorrer
aquellos caminos lejanos
a veces tórridos,

siempre necesarios,
que te permiten entender
que tu mente es un estado
que te puede vencer
solo si tú le das el mando,
solo si tú estás dispuesto a caer.

La noche de antes

La noche de antes es quizás la más cruda,
la que te hace sentir incompleta.
La noche de antes instala los nervios en tu estómago
y se cierra con él.
La noche de antes parece eterna,
te mantiene alerta como el depredador intentando saciar su sed.

Se apodera de tu mente mucho antes de llegar,
siembra la inseguridad
y el miedo,
y rompe la calma sin poderla alcanzar.
Te muestra el camino hacia la locura,
te sumerge en el fondo y te agarra fuerte para dejarte inmóvil.

La noche de antes te estremece dentro agitando tu capacidad,
y le grita fuerte al pánico para dejarle entrar.
Se enreda en tu cabeza,
te cuenta su verdad,
desmerece tu trabajo
y te roba la seguridad.
Te apresa entre sus garras
y muerde sin piedad,
te suelta durante unos segundos
para devorarte con mayor intensidad.

La noche de antes es pulsátil
y te quiere embaucar,
te llena de mentiras y te hace tambalear.
Abre la puerta a las dudas que no dejan de entrar,
y pone en tela de juicio todo aquello
por lo que empezaste a luchar.

La noche de antes te pone un antifaz,
te dibuja débil,
te distrae del objetivo
y te obliga a divagar.
Irrumpe como un relámpago
pues no tiene intención de avisar,
y rompe sigilosa todos los intentos
por recobrar tu autoridad.

A la noche de antes no la dejes entrar,
cálmala con tu fuerza
y enséñale a respetar.
A la noche de antes oblígale a cambiar,
muéstrale tus dientes
y que te vea brillar.

A la noche de antes dirígele esta verdad:
no te temo,
al menos ya no más,
pues tú eres la noche y aunque traes oscuridad
no olvides que yo soy la fuerza,
la de un vendaval,
no hay quién me frene, ni quién me impida pasar,
pues hoy me he propuesto vencedora
y a eso vengo,
a ganar.

Huir de ti siendo la única salida

Hacía tiempo,
tanto,
que no lo podía recordar,
que ya no entraba en su juego,
que prefirió correr antes que aguardar.

Hacía tiempo que salió de ese agujero de exigencias,
que perdió el interés, y rechazó mantenerse cerca
de esa energía que siempre la consumía.

Se alejó
manteniéndose siempre cerca
por si algún día se la necesitaba,
pero se alejó del castillo de arena
que construía todos los días con la ventana abierta.

Se alejó
de aquellos planes que nunca llegaban,
de ser confidente y consejera de la desgana,
de alzar la vista de nuevo
para solo contemplar aquella pared construida
con el empeño y el convencimiento
de que ya no te queda nada por ver.

Se alejó
de esa montaña de problemas y sucesos,
sin intención de resolver,
de esa capacidad constante de querer y no poder,
de querer y no saber.
Y se cansó de su resignación diaria,
de la manera que tenía para soltar continuamente el hilo
que la mantenía en pie.

Y se cansó de escuchar las mismas frases
que no hacían más que alimentar
una mente vacía de inquietud.
Pues no podía alcanzar aquello
en lo que no quería creer,
y así iba menguando su voluntad,
cediendo su camino a la suerte,
creyendo que todo lo que pasaba a su alrededor la convertía
en una simple espectadora de su vida.

Perdiendo las ganas,
la fuerza,
la determinación
y el coraje.

Sentándose a esperar
pidiéndole a Dios ayuda constante,
pero olvidando que
nada cambia si permaneces igual,
que nada cambia si te niegas a remar.
Nada cambia si cada vez que lo aceptas ocultas todo,
incluso tu capacidad.

Y es que a veces para salir a flote solo necesitas
quererlo de verdad.
Es que a veces huyes de ti
sin saber que eres tú,
la única,
que te puede salvar.

El miedo

Desencadenó uno a uno todos los miedos que un día le tocó vivir
y se preguntó qué iba a hacer con ellos
ahora que los había dejado salir.

Entendió que no podía vivir atada a sus miedos
que, incluso,
había algunos que ni siquiera le pertenecían.
¿Por qué los acogí?
¿Por qué llené mi mochila con emociones ajenas?
¿Es que acaso me faltó escucharme?

También entendió que, ahora que los había dejado escapar,
habría alguno que se iría lejos,
pero también otros que no sabrían a dónde ir.

Se dio cuenta de que algunos de ellos no eran malos
pues le habían otorgado cautela y regalado el don de la superación.
Algunos le habían permitido conocer otros aspectos de una misma vida,
y haber frenado cuando todo se antojaba cuesta abajo.

Pero... ¡Pum!
A menudo aparece en forma de lección,
dejando a su paso un rastro de emociones difíciles de digerir.
A menudo te invita a no volver a seguir ahí
o te instiga a quedarte.

El miedo tiene su nombre y su acción,
y depende de ti ceder a su posesión.

El miedo te esconde,
te saca, te nace, te mata.
El control del mismo te permite crecer.

El miedo también llamó a la inseguridad,
en esa vital decisión que le hizo acertar.
Porque deja de ser tu enemigo si se le sabe escuchar.
Pues el miedo puede ser un gran aliado
cuando se aprende a controlar.

Te permite mirar,
buscar más allá,
sentirlo es humano,
controlarlo aclama a tu capacidad.

Trabaja a su lado,
no lo intentes apartar.
Escucha su perspectiva,
descubre su final.

El miedo te paraliza
solo
cuando lo intentas bloquear,
te ahoga y
te oprime si no le permites dar
todo aquello por lo que aparece.

Escucha a tus miedos
pues ellos saben por qué están,
escúchalos paciente,
sin temor por el qué dirán
pues ellos solos desaparecen cuando tú
les das su lugar,
pues ellos solitos se van
cuando su misión se termina
de completar.

Me veo

Me veo,
me veo paseando
y sintiendo la paz del sol cubriéndome la cara,
me veo percibiendo la quietud
con la que acojo un nuevo día.

Me veo con una sonrisa que no hace falta
ni siquiera manifestar con mi boca,
la siento,
la noto,
está ahí.

Justo donde tiene que estar,
y me embriaga su esencia,
y me envuelve con su poder,
y no me deja escapar.

Ojalá siempre apareciese,
ojalá solo unos instantes
pues sentirla me da paz,
pues tenerla es todo para mí.

Me veo dispuesta,
hoy sé que todo va a ir bien,
me veo capaz de anticiparlo,
la seguridad se apodera de mí
y me suelto
y aprendo a caminar,
pues solo necesito el apoyo de mis pies
y me veo y me siento fuerte y capaz.

Y me admiro
porque soy valiente
pero también porque sé cuándo parar.
Y me halago porque otras veces,
simplemente me he hablado mal.

Y me siento
y me perdono
por aquellas otras en las que no me permití fallar.

Y me arropo
y me canto
porque a veces no me dejo llevar.

Y hoy me creo,
y me sale solo el respirar
porque hoy me veo,
me veo de verdad.

El mundo a tus pies y tú con zapatos nuevos

Hoy recojo el testigo de lo que fui ayer,
parece mentira como las perspectivas pueden,
simplemente, desaparecer.
Parece mentira como otro enfoque
te puede enmudecer.

Crecemos,
cambiamos,
evolucionamos
y adoptamos otro parecer,
pues si abres bien los ojos te das cuenta
de que todo está por ver.

Pues si abres bien el alma entiendes
que cualquier momento te la puede engrandecer.

Pues el mundo está ahí,
abierto a ti
y a tus ganas.
Dispuesto y preparado
para levantar tus alas.

Pues solo aquél que no lo quiere percibir
muere un poco en su intento de vivir.

Pues solo aquél que no abraza cada nueva oportunidad
muere cada día reprimiendo su libertad.
Pues solo aquél que ve la vida pasar
sabe lo difícil que es sentarse a esperar,
pues no hay nada más duro
que un alma
carente de voluntad.

EL MUNDO A TUS PIES

Sal a bailar pues no sabemos cuánto durará la música

El mundo a tus pies,
y tú con zapatos nuevos,
y tú sintiéndote insegura al caminar
y tú preocupada por el qué dirán.

El mundo a tus pies,
y tú no te paras a pensar que tal vez,
ya estabas preparada para poder bailar.

El mundo a tus pies,
y tú sin querer correr,
el mundo gritándote tiempo,
y tú tan distraída buscando el momento.

El mundo dispuesto,
pensado
y creado,
y tú dando vueltas negándote a participar,
cerrando la puerta,
huyendo,
negando con fuerza,
escondiendo tu valía por temor a no saber actuar.

El mundo a tus pies,
y tú de nuevo vuelves a caer
en esa absurda trampa que te hace volver a creer,
en que nunca vas a poder,
y resuena tan fuerte que
¿cómo no lo vas a creer?
Si te dice lo que temes
y te esconde la llave con la que lo puedes vencer.

El mundo a tus pies
y tú tan pequeña,
el mundo a tus pies
y tú tan frágil
que solo piensas en qué va a ser,
en cuál va a ser el motivo
por el que te vas a romper.

El mundo a tus pies y
¿es que acaso no lo ves?

A veces nos cegamos
pensando en demasiados porqués,
nos creemos nuestra propia historia
u otra que nos hayan animado a creer.
Y no lo vemos,
no lo queremos ver
y nos negamos a entender
que tú,
que yo,
que ella,
que él,
que todos,
tenemos el mundo bajo los pies.

¿Qué puede merecer tu pena?

Esta vez sí que valió la pena y,
digo la pena,
porque sí que la hubo,
y fue esta y no otra,
la única forma de sanar.

Y fue duro llorar casi a diario y,
fue intenso no poderlo frenar.
Y fue difícil sentirme en ese estado y,
más difícil aún,
tener que expresarlo.

Y fue horrible encerrarme en ese mundo
sin saber si algún día podría salir,
y fue amargo pedir ayuda y tener que decidir.

Y fue insoportable tener que ceder,
volver a aquel recuerdo que me erizaba la piel.

Y fue inoportuno y oportuno a la vez,
pues aquel sufrimiento me hizo crecer.

Y fue innegociable el sentirlo arder, y
fue demencial encontrarme de nuevo en él.

Pero saqué el coraje porque ansiaba vivir,
salir de esa cueva que con tanto ímpetu logré construir.
Volver a ver el cielo y perderme con él,
sentir el aire fresco recorriéndome otra vez.

Y fue muy difícil y duro a la vez
hacerme la valiente mientras me volvía a romper.
Y fue increíble y ahora,
aunque me resulte lejano,
lo puedo ver,
lo hice yo sola,
y así me salvé.

Y fue muy duro verme caer,
levantarme cojeando y caer otra vez.

Y fue muy duro pero aquí estoy,
sintiéndome orgullosa,
mostrando mis heridas,
aquellas que cerré.

Y aquí estoy,
sintiéndome capaz,
animando a mi valentía
a no huir jamás.

Aquí estoy fuerte,
a veces menos,
recordándome por qué valió la pena luchar.
Por mí, por mi presente,
por todo lo que debería alcanzar.

Por mí, por ti, por todos aquellos que quedaron atrás.
Por ti, por mí, por cada persona que necesite sanar.

Por cada recuerdo que nos hace temblar,
por lo que nunca dijimos
y hoy se quiere escapar.
Por los fuertes,
los que salen a buscar,
los que guardan su orgullo
y piden auxilio sin titubear.

Por ti, por mí, por la lucha que ambos vivimos.
Por las personas que un día, sin ser, fingimos.
Por ti. Por mí.
Por lo que hoy somos gracias a lo que ayer hicimos.

Porque a veces vale la pena,
vale la pena luchar,
vale la pena sanar,
vale la pena soltar,
vale la pena dejar marchar.
Porque a veces la pena es la única capaz
de devolvernos la alegría y las ganas de luchar.

Porque a veces la pena se agota
y va dejando su lugar,
el mismo que se llena con cada momento
que al fin elegimos disfrutar,
el mismo que se completa sanando,
sacando las lágrimas que un día decidimos guardar,
el único que te devuelve a tu vida
y te permite,
al fin curar.

Mejor, con ganas, mejor

Mejor
sal a bailar
antes de que la música
decida parar.

Mejor desempolva ese vestido
y póntelo,
mejor disfruta de esa sonrisa,
de tu tiempo,
de ese amor.

Mejor disfruta de la vida
y llena de atardeceres tus recuerdos.
Mejor disfruta del compartir,
de la necesidad
y el privilegio de saber decidir,
de buscar los momentos
que te van a definir.

Mejor piensa en alto
para poder sentir
lo que guardas ahí adentro,
lo que escondes para ti.

Mejor define tu opinión
y defiende tu autodeterminación,
es el momento de hacerte valer,
es el momento de sacar tu poder.

Mejor escúchate cuando te hablas,
pues no hay nadie mejor
para entender tus tramas.

Mejor hazte hueco
en cada momento en el que tú elijas estar,
y vívelo fuerte
pues cuando acaba
siempre empieza la cuenta atrás.

Mejor aléjate del rencor
y no lo dejes entrar,
alcanza el brillo de tus ojos
y permítete perpetuar.

Mejor atrévete a soltar,
a llenar de vida el hueco
que el miedo solía ocupar.

Mejor prepárate,
mejor sal a bailar
pues si tardas mucho
la música
puede que se deje de escuchar.

Y tú, si la amas ¿por qué...?

Y, tú si la amas, ¿por qué le haces daño?
¿En qué mundo tan oscuro se halla una persona
que confunde el amor con el dolor?
Quién te ama te hará sufrir.
Que percepción tan extraña, ¿verdad?
¿Por qué me iba a hacer daño si me ama?

Qué importante saber elegir
aquellas palabras que nos vamos a decir.
Qué crucial tener la autodeterminación
de poder desechar
aquello que nos aleja
de lo que consideramos nuestra personalidad.

Pues es más fácil acatar
lo que un día te vendieron como dogma,
pues es sencillo tenerlo que respetar
simplemente porque está.

Pues es fácil no pensarlo,
no cuestionarlo
por si acaso resulta una barbaridad,
es mejor quedarse quieto
y acogerte a tu verdad.

¿Y qué nos queda si repetimos patrones?
¿Y qué nos queda si perpetuamos acciones?
¿Y qué nos queda si,
simplemente, nos dejamos manejar?

En este mundo del sí y el no,
del todo vale si lo hago yo,
del tú observa,
lo mío es mejor.

En este mundo del todo lo que eres
a mí me lo debes,
en este mundo que invalida
y reprime,
en este mundo es muy difícil girar,
ir a contracorriente,
revelar tu identidad.

En este mundo
quizás te señalen
por no pensar como los demás,
quizás te den la espalda,
te obliguen a dudar.

En este mundo
en el que faltan valientes,
valientes de verdad.
Aquellos que eligen
romper con la autoridad,
aquellos que modifican
las conductas tóxicas
por otras llenas de paz,
aquellos que te inspiran,
te hacen partícipe
de un nuevo caminar,
te dan la mano,
te muestran dónde mirar
pero no bajo el prisma de la obligación
ni bajo el yugo de la represión,
sino siguiendo el mantra de la liberación.

Porque sí,
tú puedes elegir
quién quieres ser
pero también cómo
y hacerle ese regalo al mundo,
a tu mundo.

Y cuesta,
claro que cuesta,
igual que cuesta escalar
para poder la cima alcanzar.

Y cuesta,
claro que cuesta,
y es duro,
y lleva mucho trabajo.
Pero una vez subas,
una vez alcances esa cima,
jamás volverás a ver la vida
como se veía desde abajo.

La burbuja explota

A veces nos negamos a verlo,
en nuestra burbuja vivimos mejor,
dentro,
en ella podemos mostrarnos compasión.

Podemos elegir decirnos
que lo hacemos lo mejor que podemos,
lo mejor que sabemos,
podemos apelar a la resignación.
¿Quién sabría hacerlo mejor?
¿Quién?
¿Quién podría con estas pocas herramientas
que poseo yo?
¿Quién podría juzgar mi dolor?
Si me tocó vivir esta vida,
bastante culpa tengo yo.

La vida dispone,
reparte,
y a mí me tocó una llena de sufrimiento y dolor.

¿Acaso ya nacemos rendidos ante la dificultad?
¿Acaso ya no queda nadie dispuesto a luchar?
¿Qué ocurre con tus sueños?
¿Por qué no los dejas despertar?
¿Qué ocurre con tus miedos?
¿Acaso es a los únicos a los que se les deja entrar?
¿Y tu vida?
¿Cuándo va a recuperar su lugar?
¿Y tus ganas? ¿Cuándo vas a tener el coraje y las vas a desempolvar?

Y mientras tanto en tu burbuja,
en ese lugar,
se vive mejor.
Construida por todo lo que te contaron
y no invertiste el tiempo en investigar,
construida para protegerte de cualquier realidad,
menos de la de aquellos que te quieren controlar.

Y tú cediste y te conformaste,
pues así te querían tener,
en un estado de sumisión
creyéndote en la mísera obligación
de tener que obedecer.

Pero las burbujas se rompen,
un día lo ves,
la vida no es aquella historia
que te hicieron creer.

La vida es aquello que tú deberías elegir tener,
luchar por tus sueños
agradeciendo siempre poderlos poseer.
No creer a ciegas sino más bien abrir fuerte los ojos
para no perder.
Y luchar, luchar siempre para poder ser,
para poder sentir
lo que a simple vista,
no somos capaces de percibir.

Volver a ese lugar y sentir su fuerza creciendo

He llegado hasta aquí
a través de las sombras,
dibujando caminos que no estaban claros.
A veces perdiendo el rumbo,
a veces buscando el sentido
y otras simplemente la fuerza.
A veces la hallé y otras simplemente me dejé llevar,
así, como un papel arrastrado por el viento,
como una hoja que decide soltar su rama.

He permanecido tiempo, mucho,
a veces ni recuerdo cómo salí.
Ahí, arrastrada por la fuerza de la indeterminación,
incapaz de coger las riendas,
aleteando sin rumbo,
aleteando en busca de un objetivo
todavía sin inventar.

He servido de guía a mi desgana,
alimentando la procastinación
y luchando contra mi propia lucha.

He conseguido alcanzar pequeños objetivos
y también ver pasar el tiempo sin ningún avance,
excepto el del vacío del que me lleno
con las cosas que callo,
con las que no digo,
con las cosas que hago,
con las que me guardo para hacer.

Tanto, tantas veces,
que he generado mil angustias frente a un espejo
en el que no consigo verme,
en el que me he mirado a los ojos tantas veces
pensando por qué.
En el que he llorado mil veces
tratando de cambiar,
tratando de mejorar,
sin mapas,
sin respuestas que hallar,
sin saber que paso toca ahora dar.

Y he fallado muchas veces,
y otras he dejado de luchar
y he vuelto a la carga
y he construido mi fidelidad.

Y ahora,
ya no me suelto.
Y ahora me profeso amor diario,
aguardo pacientemente hasta que me siento capaz.
Me marco pequeños objetivos
y disfruto las recompensas
que ya sé que me voy a dar.

Y ahora,
ya no me escondo,
me amo en el espejo
y sé mirarme más allá.

He cambiado mi ambiente
y he creado en mí misma un santuario de paz.
Allí voy cuando siento de nuevo el frío
o me alcanza la oscuridad.

Allí me refugio de lo que no entiendo,
allí me protejo,
me mimo,
me cuido,
me escucho.

Allí me proporciono la valentía
y la seguridad.
Allí...

Que nunca te falte un lugar al que ir
cuando sientas que las penas han vencido a la alegría,
cuando creas que el dolor es más fuerte
del que podrías soportar,
cuando el cuerpo se encoja
y se turbe la mente,
que nunca te falte ese lugar,
ese que, creado con esmero,
paciencia y tiempo
te proteja de todo lo demás.
Te animo a crearlo, a hacerlo real,
te animo a probar su poder
y a llenarte de él.

Inmarcesible, ¿cómo si no?

Pues así eres tú,
inmarcesible,
como aquellas noches de verano
en las que solo querías soñar.

Como aquel recuerdo que acuña,
el de aquellas primeras veces
que comenzaban a aflorar.

Inmarcesible,
como los besos
que se dieron directos de corazón a corazón,
cobrando pureza con cada latido
y más significado, si cabe,
con cada acción.

Inmarcesible,
como aquella foto que aguarda en tu habitación,
aquella que plasma una sonrisa
y recoge el recuerdo de todo un adiós.

Inmarcesible,
como las heridas que no atraviesan la piel
sino el alma,
aquellas que no se permiten desvanecer.

Inmarcesible,
como esa sonrisa traviesa,
como ese brillo provocado,
como esas palabras
que no todo el mundo puede conocer.

Inmarcesible,
es tu esencia que convierte
y transforma,
que ayuda y perdona,
que se entrega, aunque a veces
revele lo más profundo.

Inmarcesible,
como los recuerdos que se crean
esos,
búscalos ahí,
los que te hacen sonreír,
los que te recuerdan que mereces ser feliz.

Podría enseñarte, podría mostrarte. Podría, simplemente, perderme ahí

Podría mostrarte la luz,
esa que queda cuando se va apagando el día.
Esa que se mantiene mientras el cielo se tiñe
de calmada oscuridad.
Es esa luz,
la que todavía mantiene el día intacto.
Esa,
la luz de las noches de verano.
Solo esa luz se puede disfrutar sin prisa,
pues no la tiene.

Esa luz,
acompañada de la brisa de verano.
Acunada por el sonido que los grillos comienzan a
emitir con su presencia.

Esa luz del aquí, del ahora,
del disfrute.
Del sentir la calma mientras dura.
De percibir esa sensación agradable de ver cómo
poco a poco se apaga para dejar paso,
simplemente, a lo que viene detrás.

Sentir esa paz mientras todo ocupa su lugar
y luego,
perderse con ella.

PODRÍA ENSEÑARTE

Déjame que te muestre el camino

Déjame que te enseñe a buscar,
que te muestre el camino que,
escondido, se oculta a los ojos
de aquellos que no saben mirar.

Déjame que te lleve hasta él,
que lo hagamos perdurar.
Que sepamos valorarlo y volverlo
a encontrar.

Es el camino que te separa del costumbrismo
y te aleja del formalismo.

Es el camino que rompe con lo ambiguo y saca a relucir
la fuerza de tener que decidir.

Es el camino que te aleja de la rutina impuesta
y apuesta por tu libertad de decisión,
la entereza y el poder de revelación.

Es el camino de vuelta a ti,
de entendimiento,
de escucha.

Es el camino,
el real,
el que te permite partir.
Ese camino está dentro
esperando que recorras su senda
y que, al fin,
te lances a vivir.

Déjame que te muestre la verdad

Déjame enseñarte de lo que eres capaz,
déjame que te guíe,
que te indique hacia dónde buscar.

Déjame que te acurruque las frases
que un día tuviste que cambiar.

Déjame que le dé calor a tu alma,
pues muchos la trataron con frialdad,
y siéntete segura aquí a mi lado
pues ambas compartimos
las ganas de luchar.

Déjame que te seduzca con la idea de ganar

Y no te eches a ningún lado,
pues tú eres tu verdad.
Construida día a día
como el que sabe hacia dónde llegar.
Construida con el esmero
que te ofrece la constancia de nunca parar.
Nunca parar de moverte,
nunca parar de luchar
pues ayuda a los que difieren
a construir su lugar.

Todavía queda tiempo si lo que urge es vivir

Todavía le cabía un deseo más
en el brillo de los ojos.
Todavía podía hacerle hueco a un baile más,
a un paseo más, a una cena sin prisa.

Todavía había tiempo para un café en silencio,
para una tarde de lluvia en casa,
y el abrazo de un viejo reencuentro.

Todavía podía desempolvar, una vez más,
el latido de ese longevo corazón,
hacerlo vibrar, llenarlo de emoción.

Pues sí, todavía cabía una nueva conversación
después de toda una vida de escucha,
una nueva sonrisa antes de marchar
o un nuevo beso de esos labios que
seguían guardando el mismo amor que al principio,
de esos que seguían siendo los mismos.

Todavía había tiempo para una canción más,
para descorchar una carcajada,
para mirar las fotos del ayer
y ver el tiempo pasando a través de su piel.

Todavía cabía en el brillo de sus ojos
un recorrido por aquellas calles que tanto les dieron,
por aquellos lugares que tanto vieron.

Todavía cabía en el brillo de sus ojos el amor a esos libros,
las palabras que un día salieron de lo más adentro,
y los aprendizajes que mostraba en cada una
de las arrugas de su cuerpo.

Todavía quedaba tiempo para el olor a café,
para dejarse en la almohada caer
y respirar hondo, una vez más,
agradeciendo a la vida todo lo que nos da.

Todavía cabía en el brillo de sus ojos un día más para soñar,
para abrazar un nuevo despertar,
para entender que el tiempo pasa, sí,
pero la vida,
la vida se construye con cada paso que das.

Hace tiempo que también lo hubo

Hace tiempo que no vienes,
que no llamas,
que no me invitas a entrar.
Hace tiempo que no hablas,
que no tocas a mi puerta,
que dejaste de intentarlo.

Hace tiempo que no escucho,
que no hablo,
que no cuento lo que solíamos conversar.
Hace tiempo que no te veo,
que te siento tan lejana
que, a veces, me resultas irreal.

Hace tiempo que camino sola,
tanto, que no me había parado a pensar.
Hace tiempo que emprendí mi vuelo
y me dejaste de importar.

Hace tiempo que me escucho,
hace tiempo que dejé de mirar atrás,
hace tiempo que mis palpitaciones
no me saben a tempestad.

Hace tiempo que no vienes,
hace tiempo que te dejé marchar,
hace tiempo que no te espero porque
entendí que ahora ya no apareces sin más.

Hubo un tiempo en el que ocupabas de mí
una gran mitad.
Hubo un tiempo en el que a escondidas
te solías presentar.

Hubo un tiempo en el que invadías
mi soledad,
en el que temía encontrarme contigo
y no poderte soltar.

Hubo un tiempo en el que mis miedos
te solían aclamar,
en el que me temblaban las piernas
y mi respiración no conseguía frenar.

Hubo un tiempo,
mucho,
en el que te llamé ansiedad.

Agradecimientos

Este poemario es el resultado de un largo camino de lucha y de reconstrucción personal. Gracias a todas las personas de mi vida que me han acompañado, leído, escuchado e inspirado, gracias por la acogida, el brillo en los ojos y por tanto cariño. A mi hermana por ser ejemplo y lucha, por tener siempre las palabras que me impulsan, por creer en todo lo que hago y darme siempre su apoyo. Al amor de mi vida por ser siempre faro. Por animarme a escribir y acompañarme siempre de la mano en cada paso. A mi familia y también a la que he elegido por ser hogar, impulso, fuerza y refugio. A las mujeres de mi vida por ser el abrazo que acompaña cada proceso de reconstrucción. A todas ellas, las que han sufrido por amor, a veces por no priorizar el suyo propio. Las que cuidan y protegen. Las que nunca dejan de luchar. Ellas saben quiénes son. Gracias.

Gracias a Lala por su ejemplo y por su amor incondicional. A mi pequeña Blanca, a la que ya quiero con todo mi corazón. Gracias a Mar por su alma sincera y por decirme cada día que me quiere. A Laurita por sus abrazos y por el cariño infinito que me da. Gracias a Isa, Lu y Bego por tener esa profunda sensibilidad y saber siempre qué decir. A Inma, Juan y Luís por ser confidentes y abrazo. A mis amigas de toda la vida por precisamente eso, toda una vida. A mis <<guadaceteños>> por acompañarme siempre. A todas mis amigas maestras, las que me han acompañado y enseñado tanto. A todos los hombres de mi vida, por tanto.

Gracias a cada una de las personas que leyendo este poemario han vuelto a soñar, gracias por el tiempo dedicado y por hacerlo posible.
A la Editorial Gusanillo por confiar en este precioso trabajo y darme esta oportunidad. A Uxue por compartir su magia y su imparable creatividad conmigo. A Sergio por su gran profesionalidad y su conversación. A Almu por todo su talento, su ayuda y sus abrazos. A Ángel por su tiempo.

Gracias por el cariño recibido.
Gracias por tanto amor.
Espero que os haya gustado.